MW01356641

This Coloring Book Is Belongs To

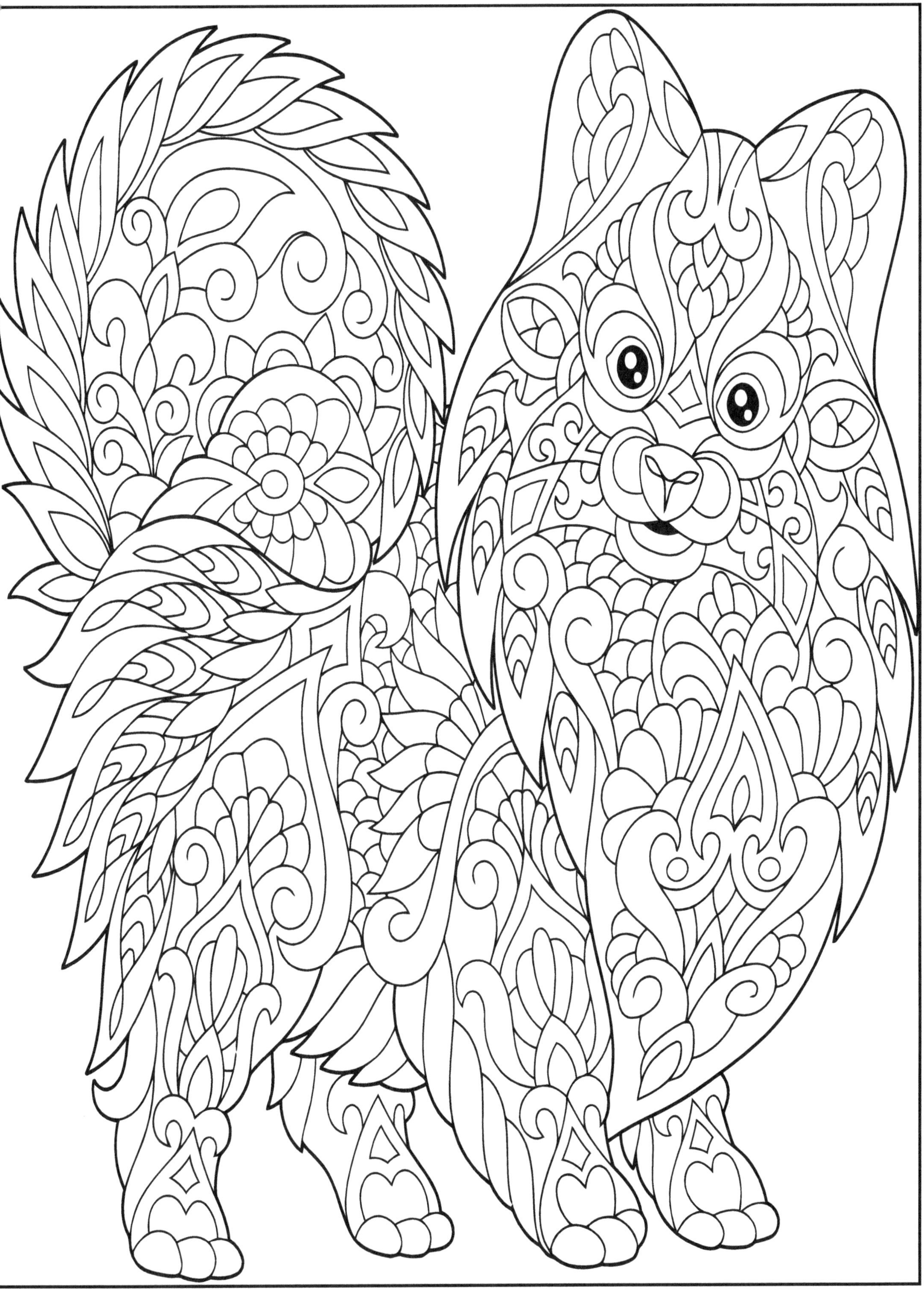

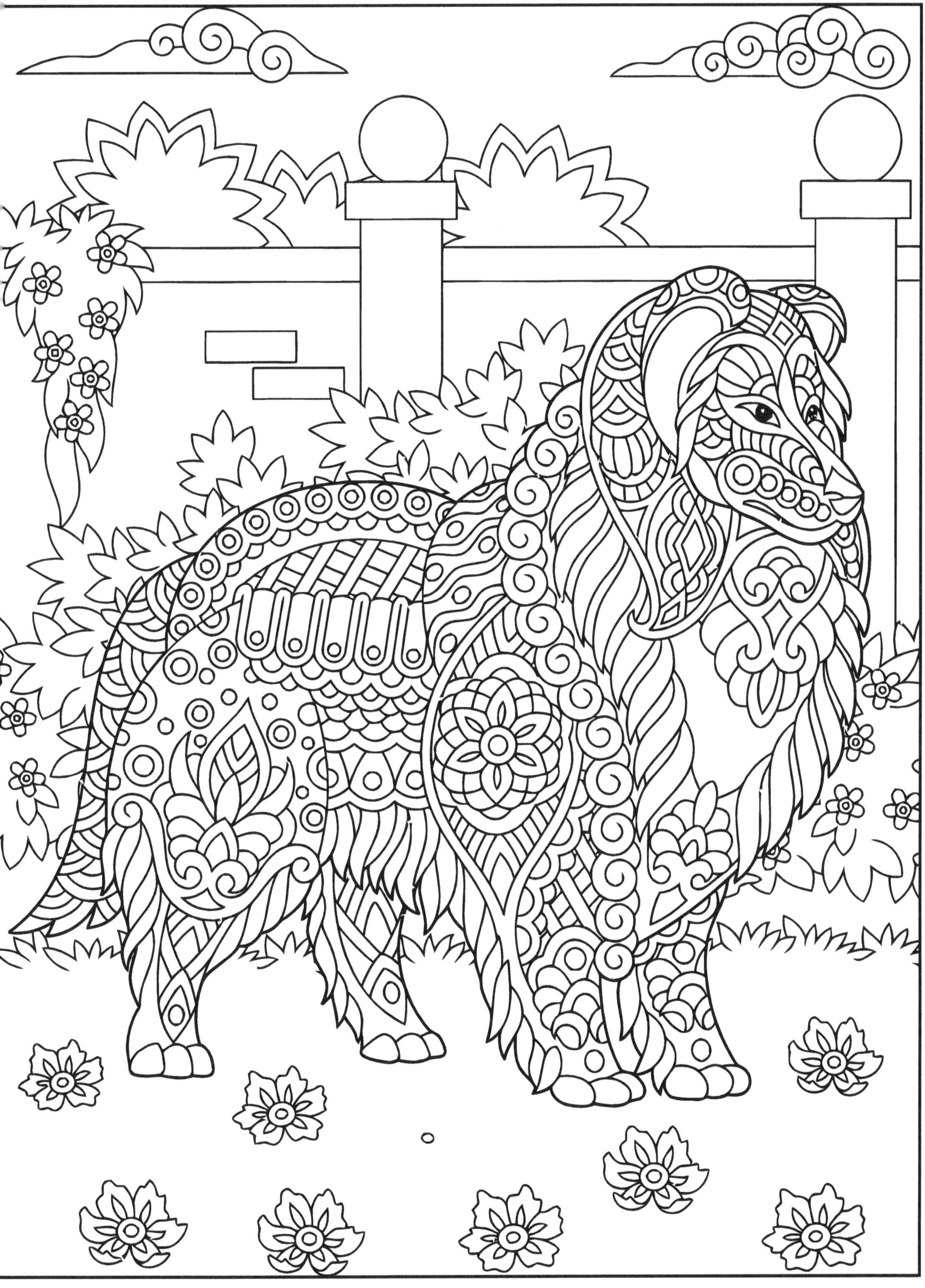

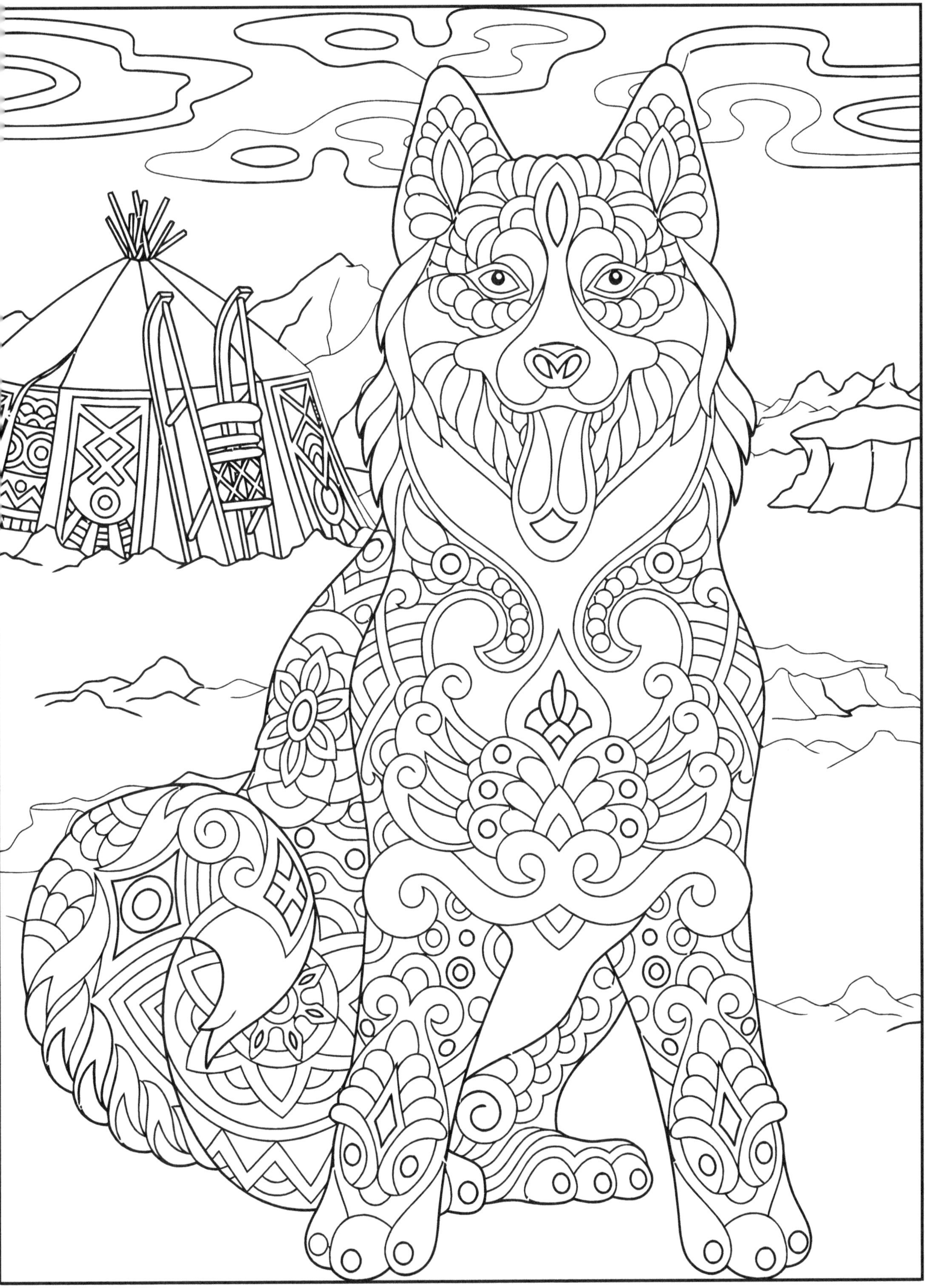

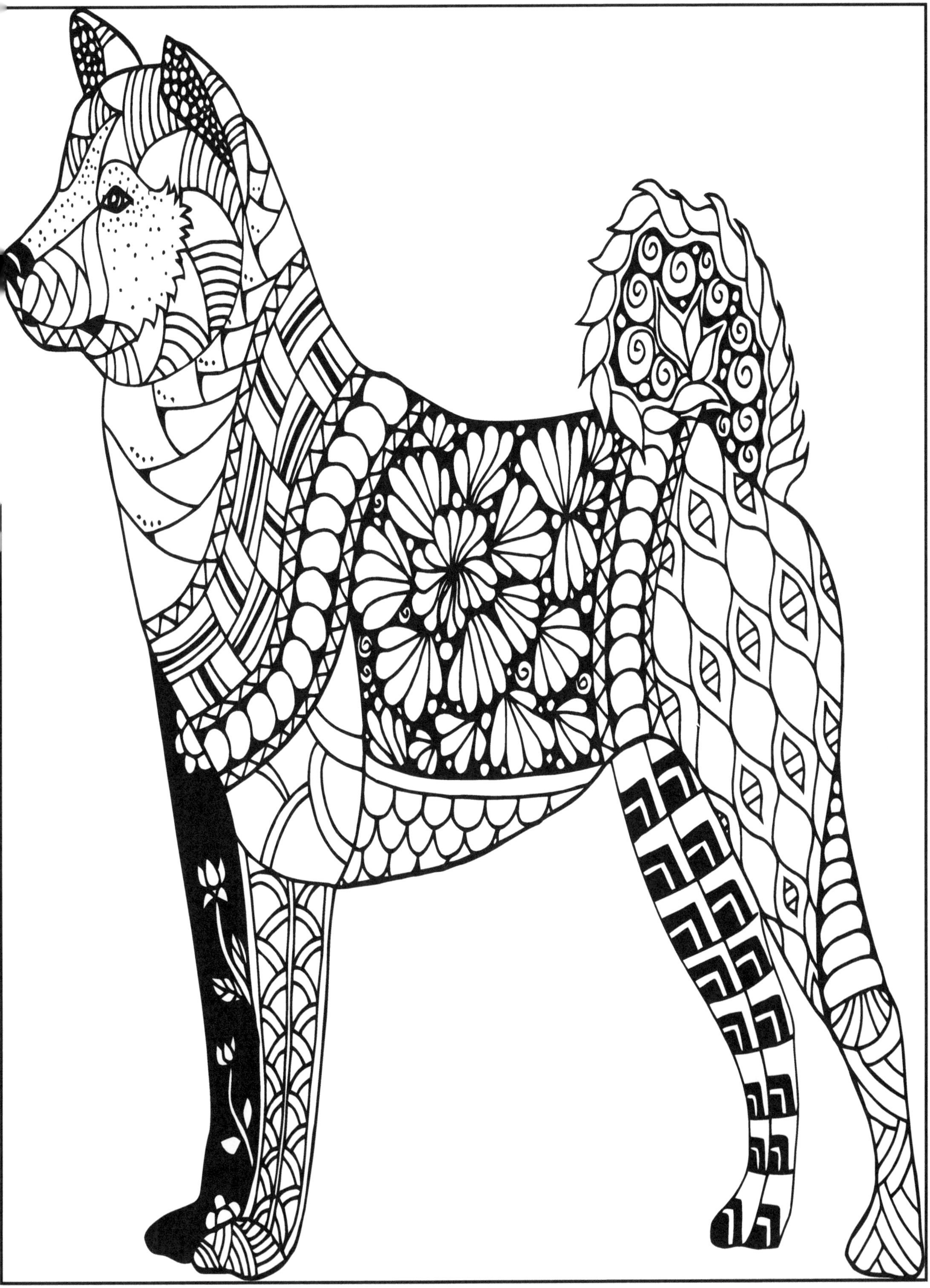

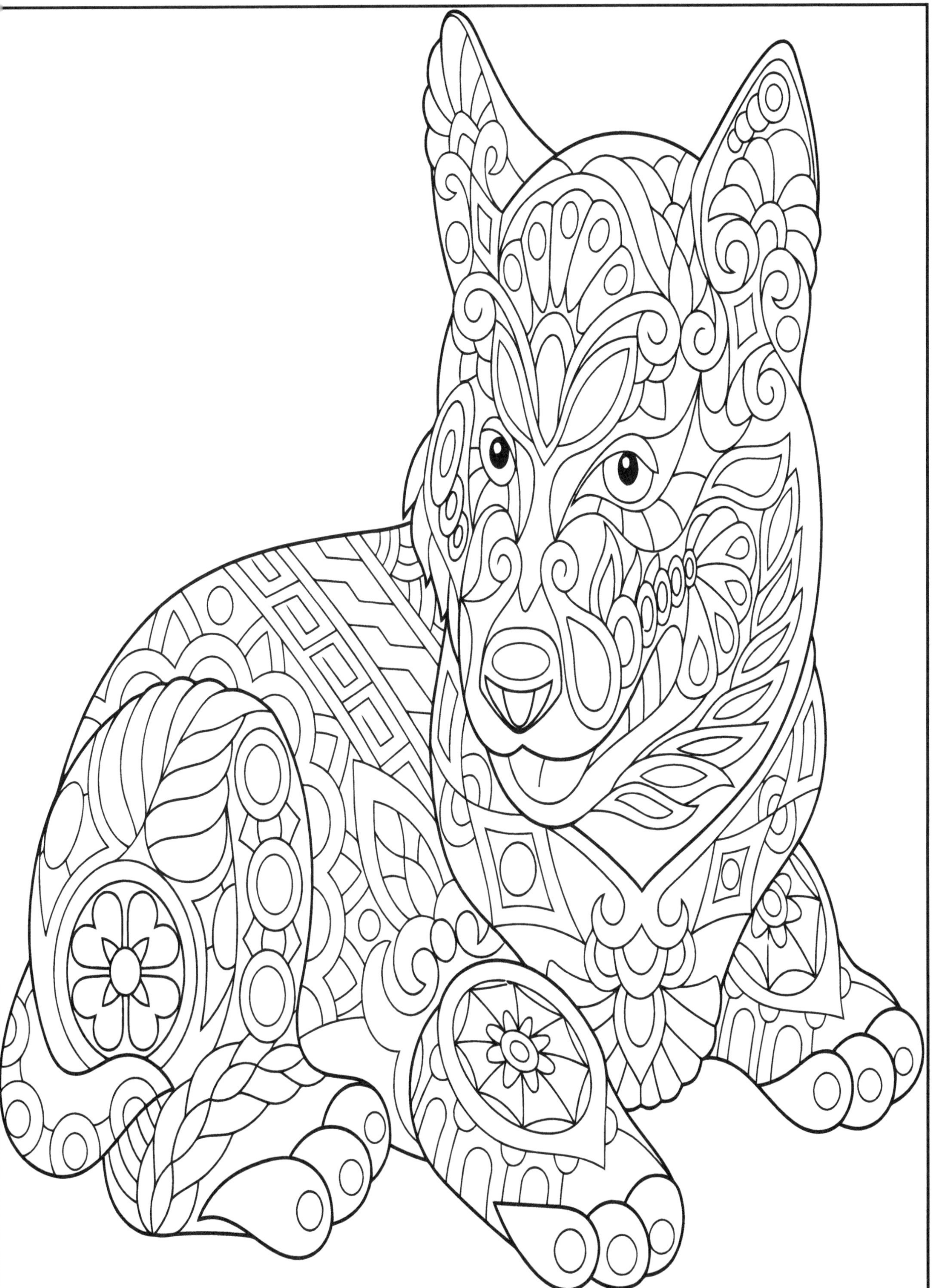

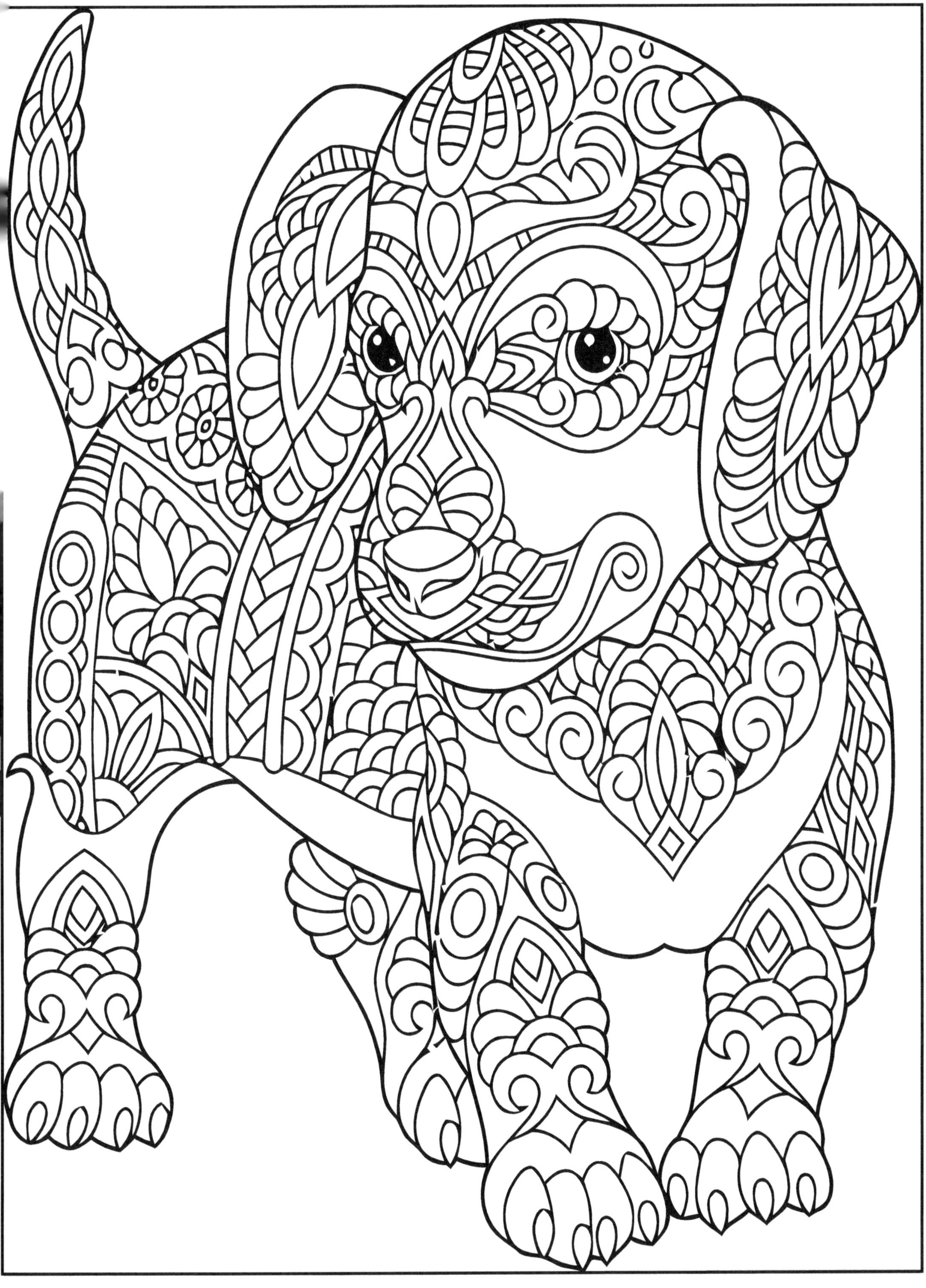

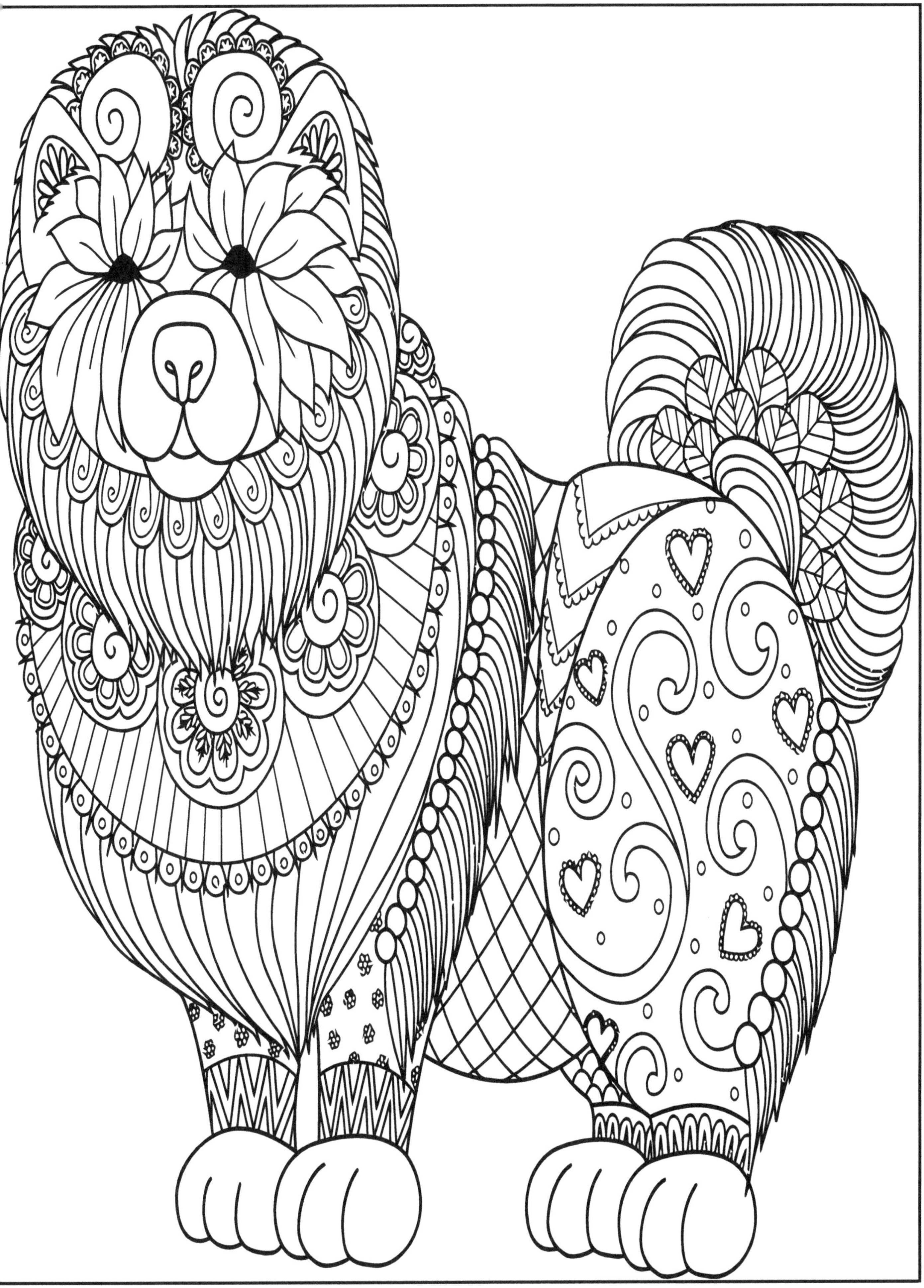

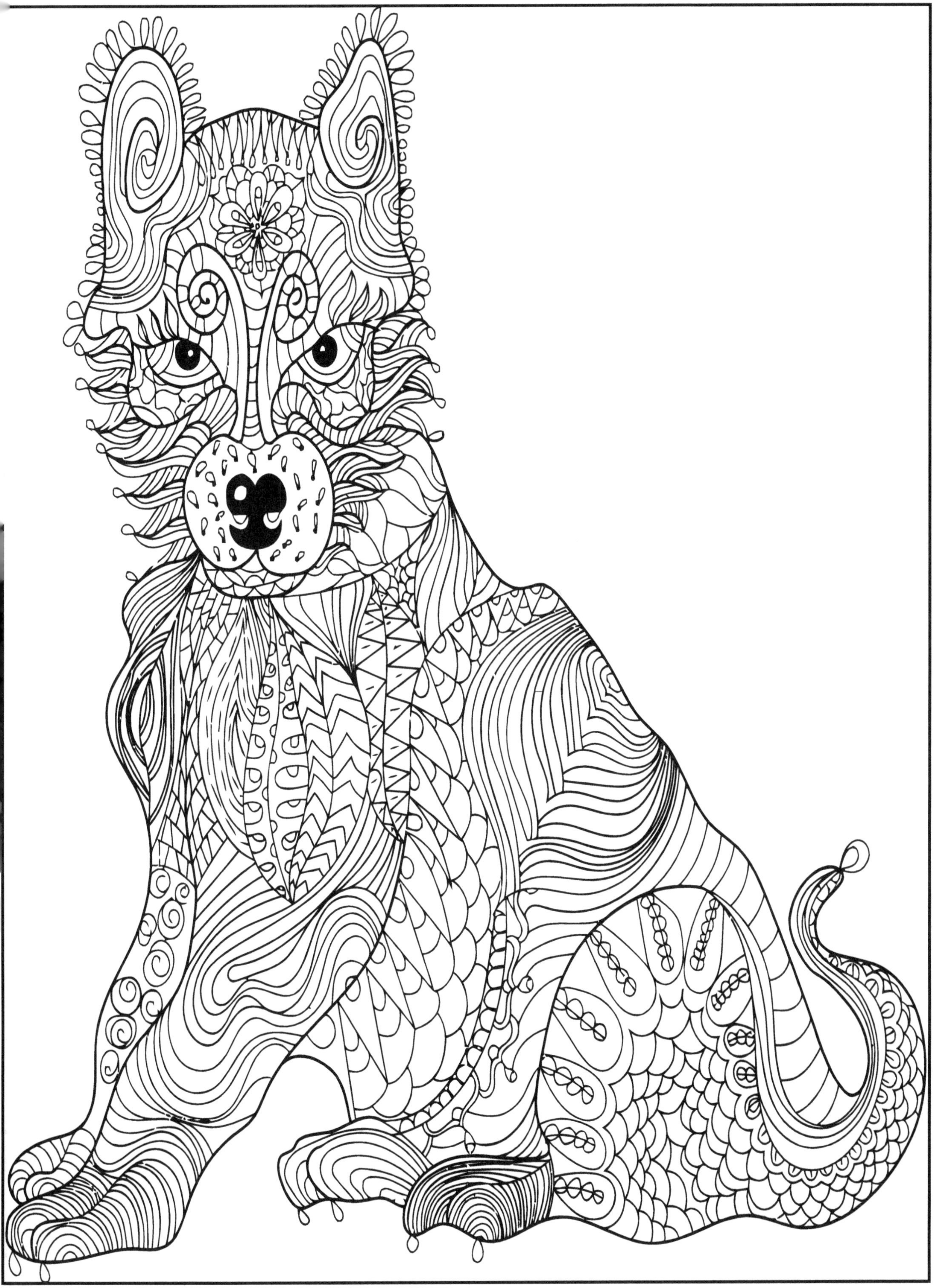

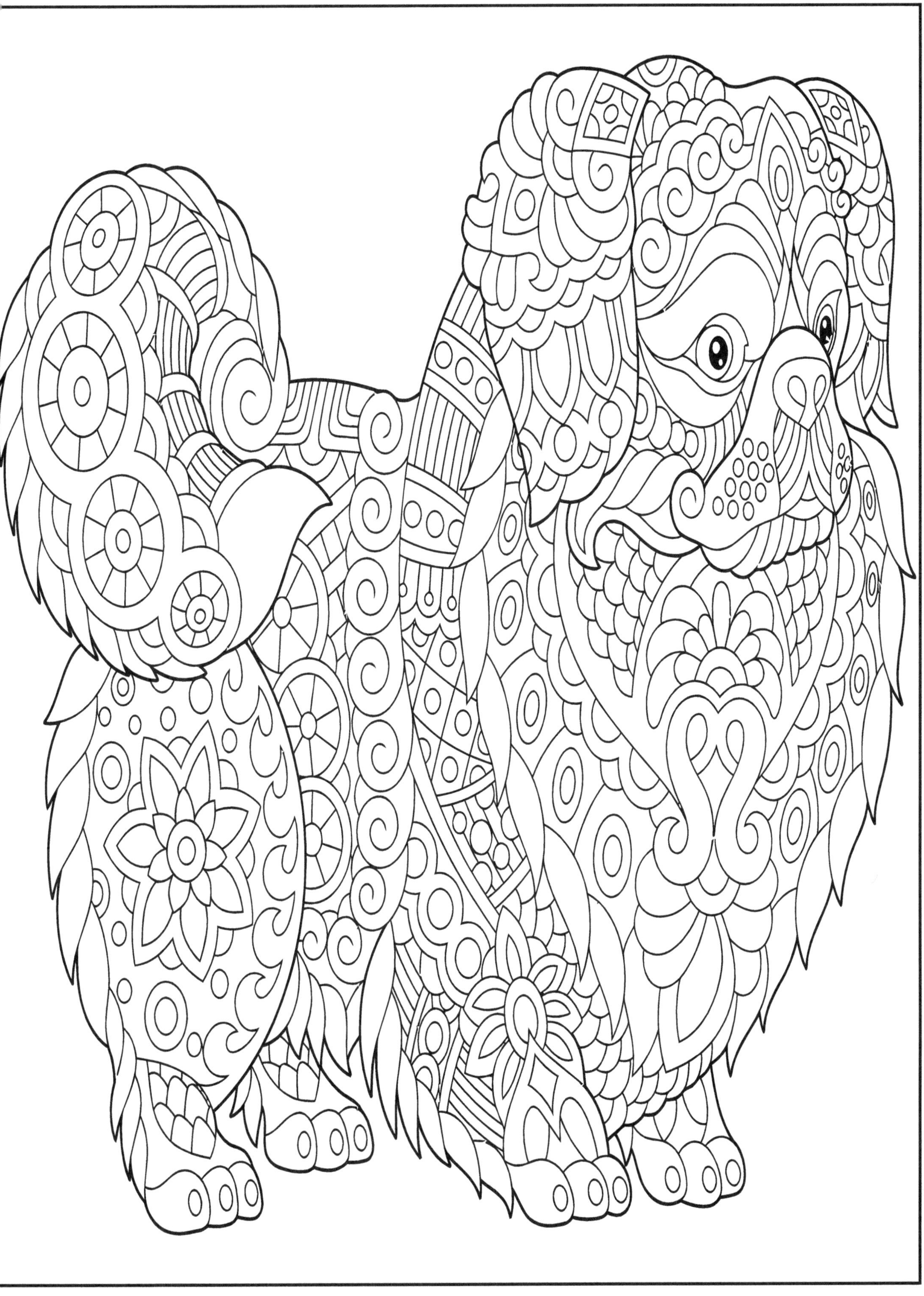

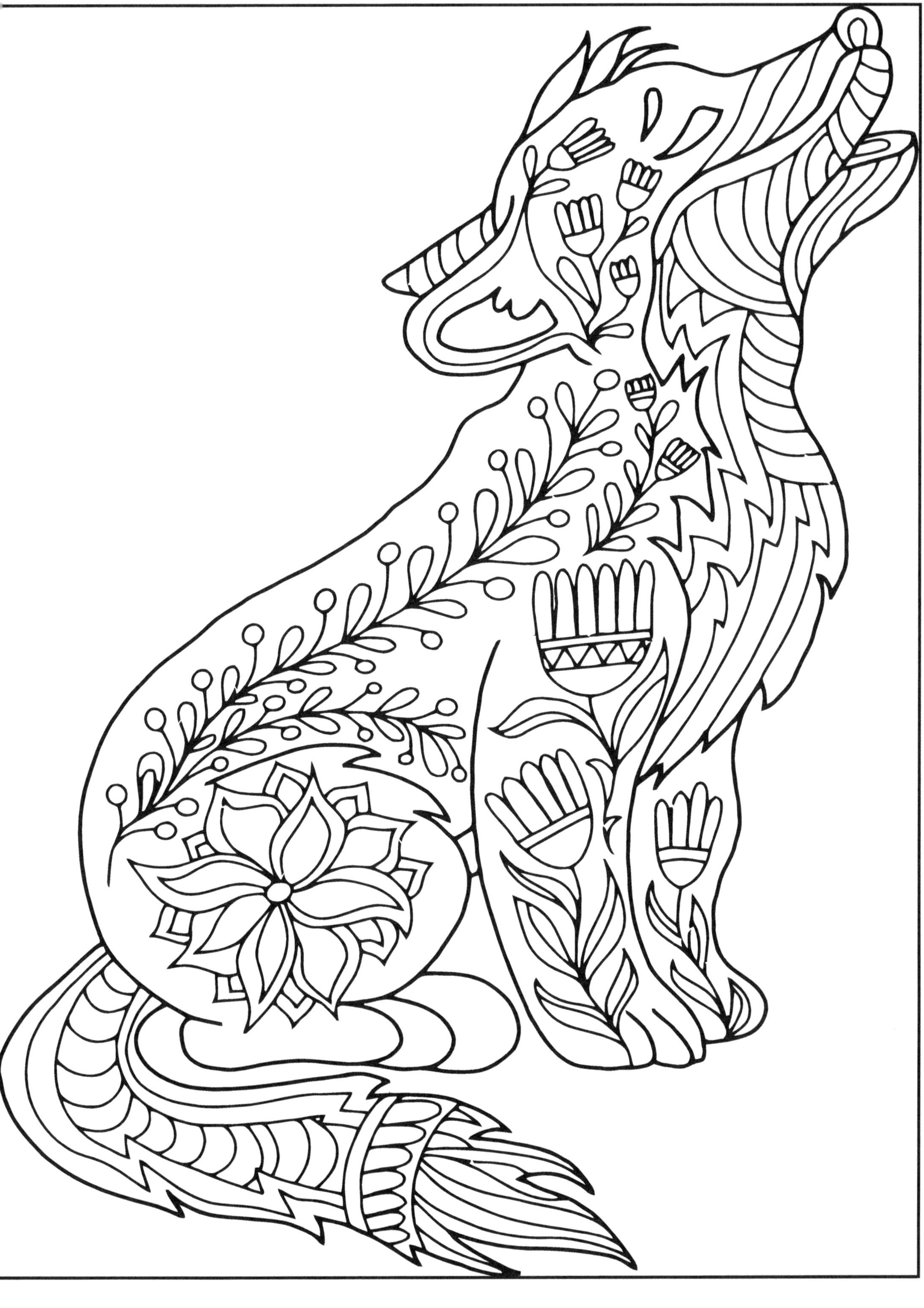

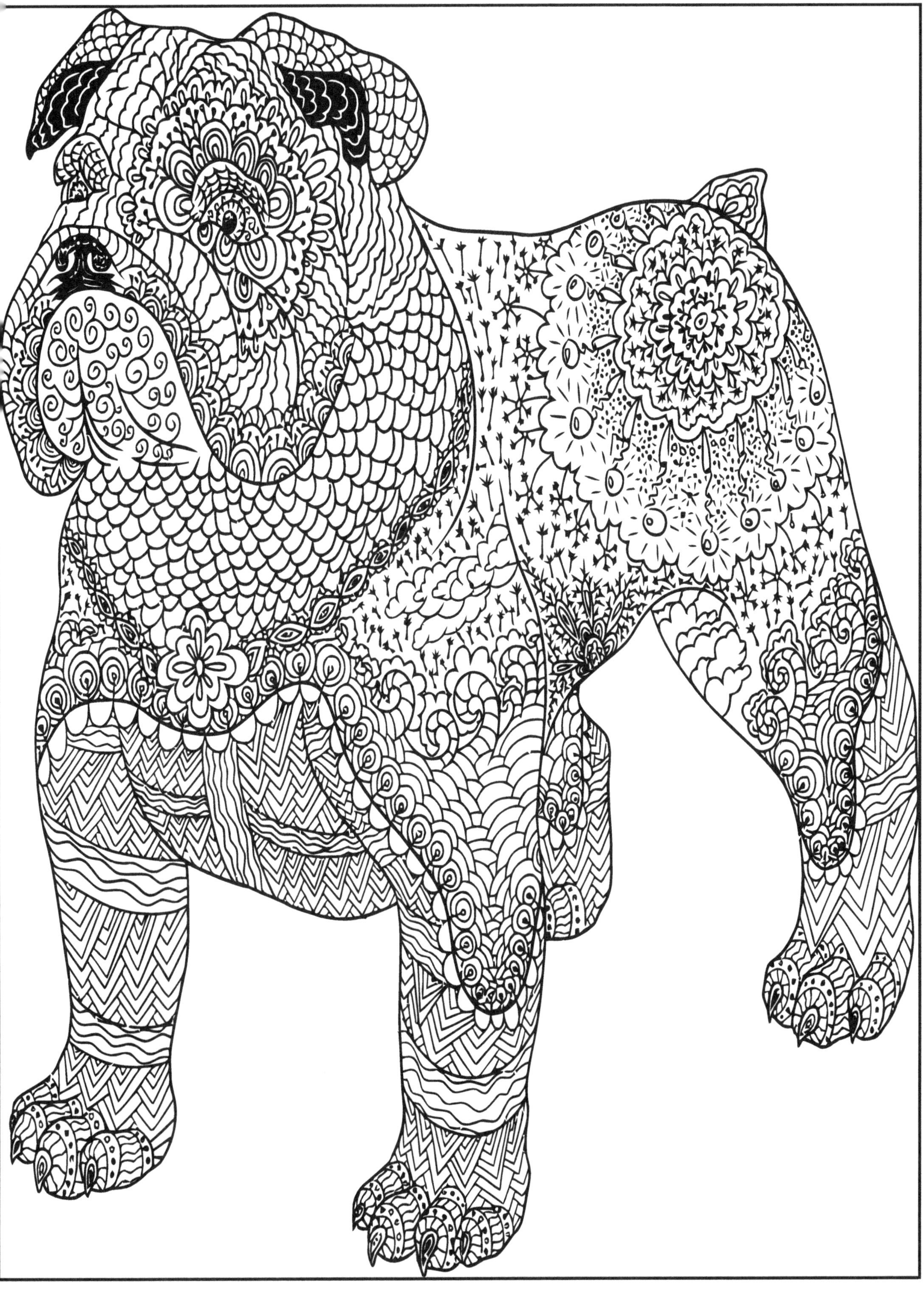

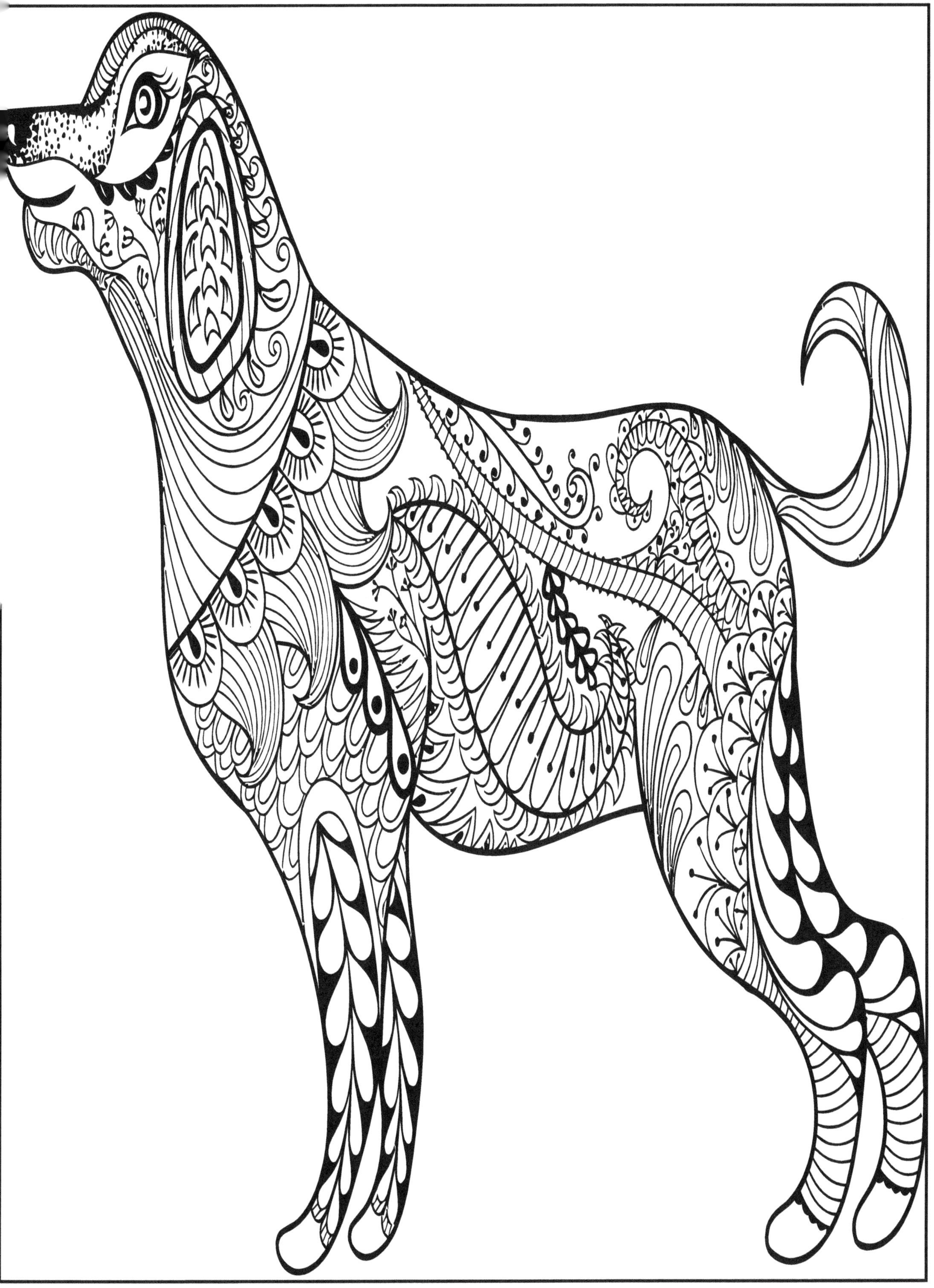

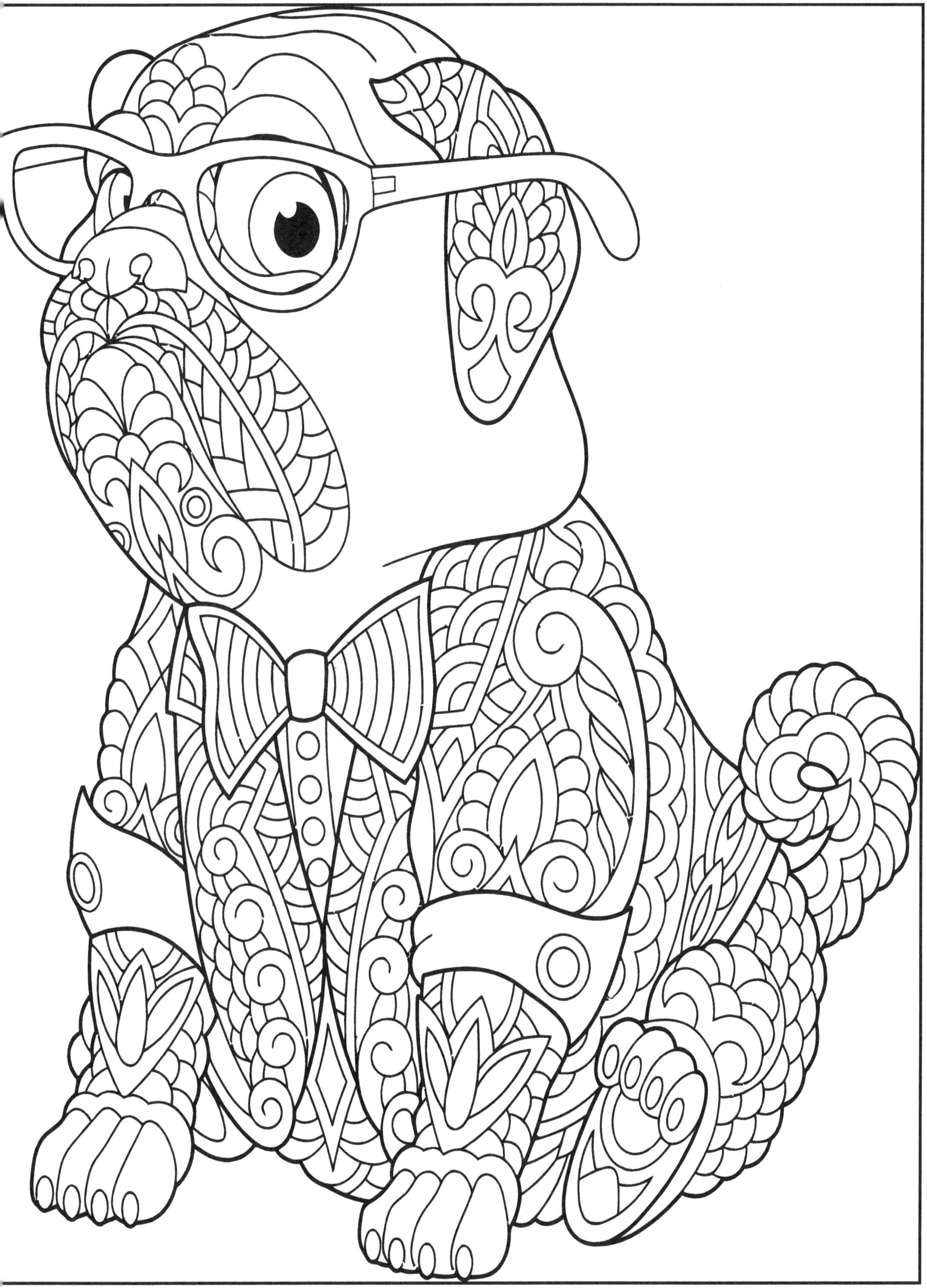

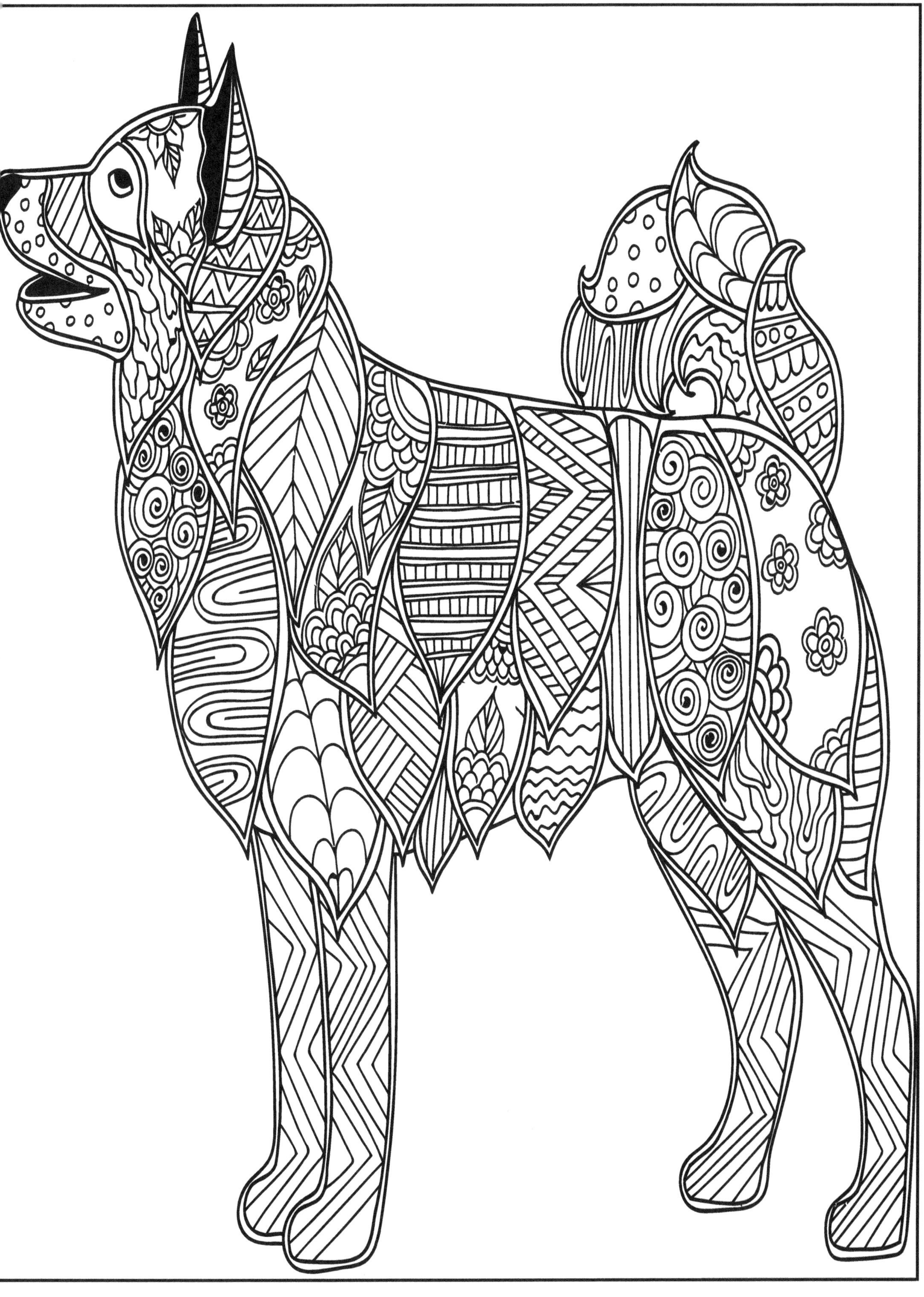

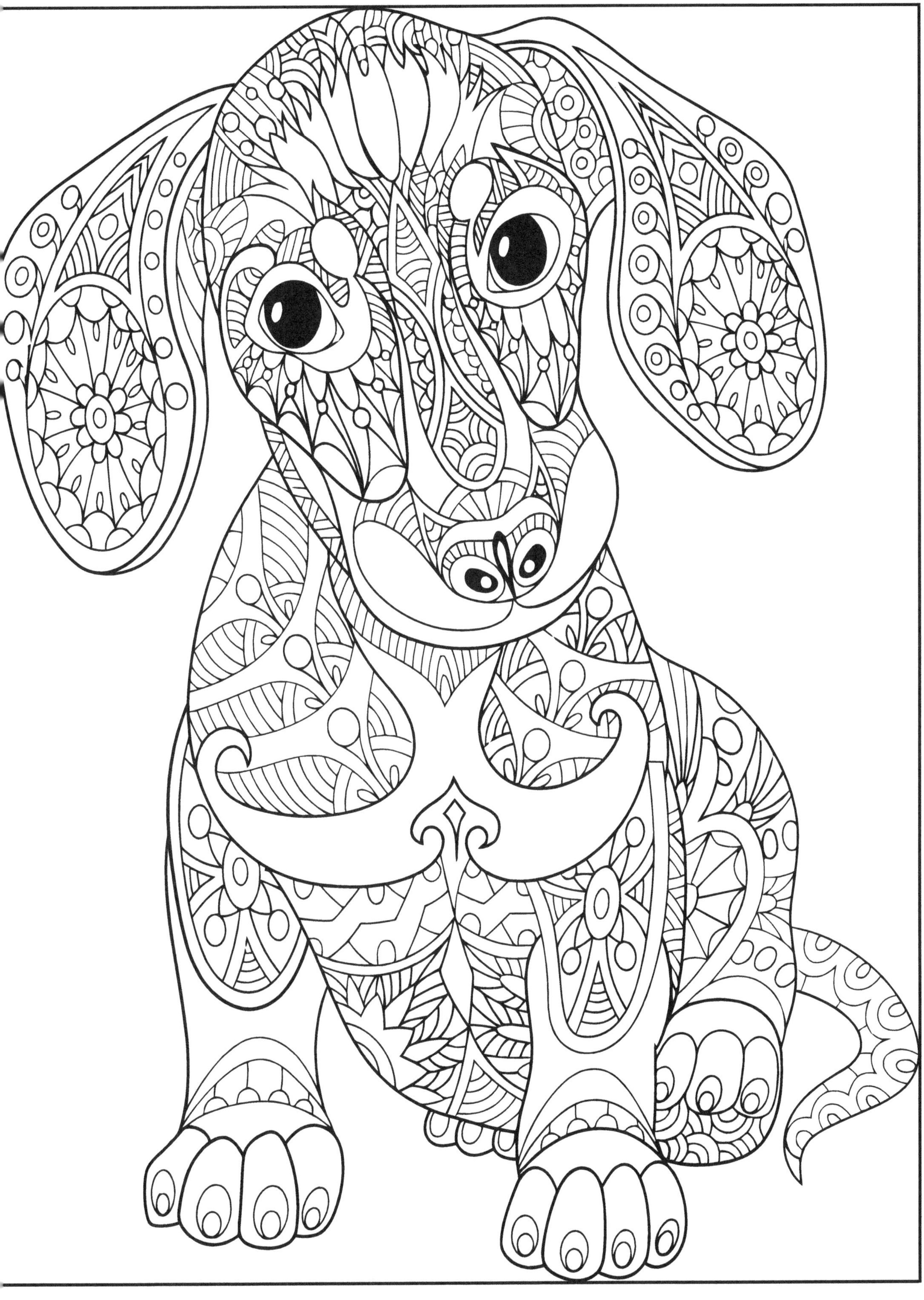

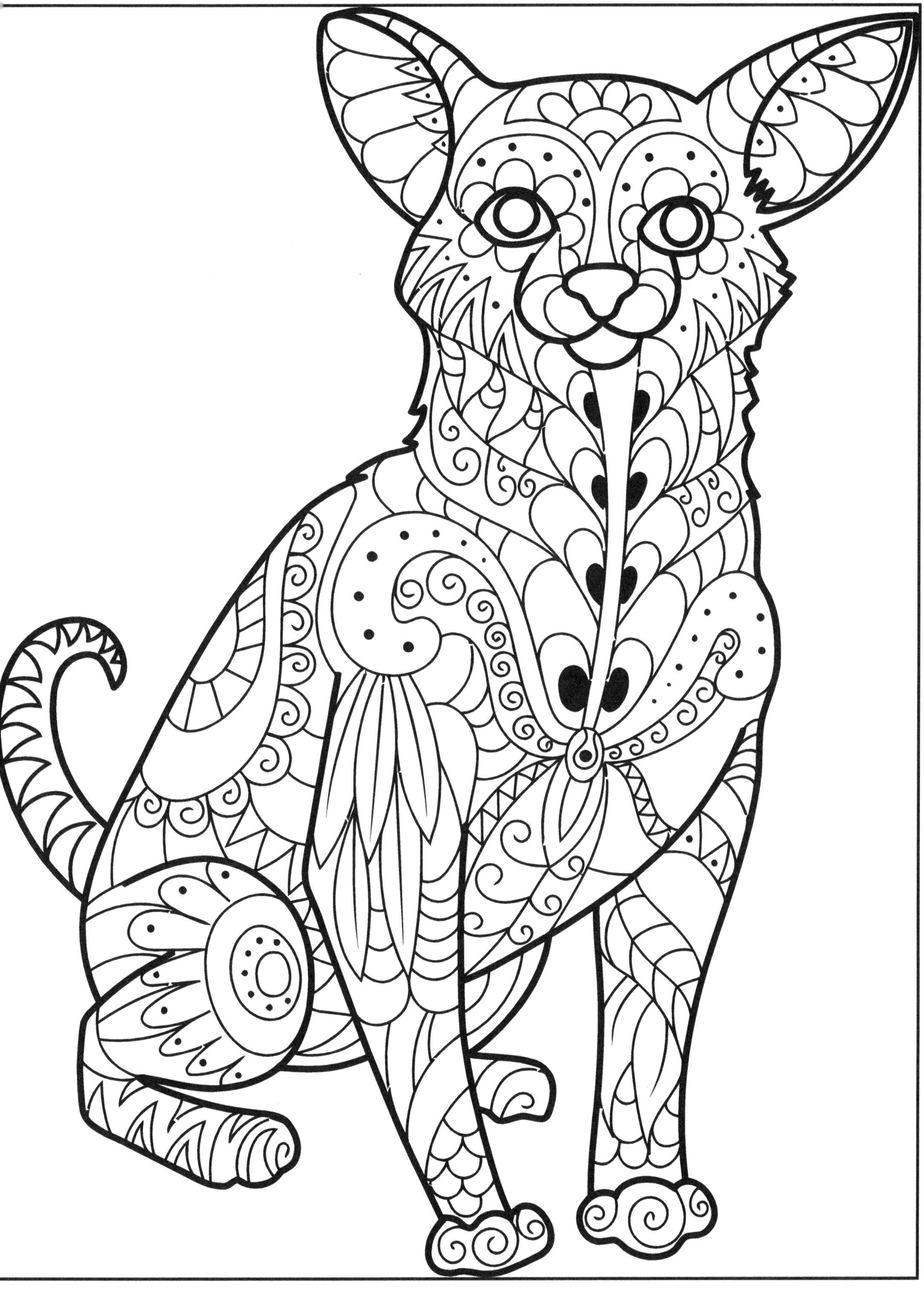

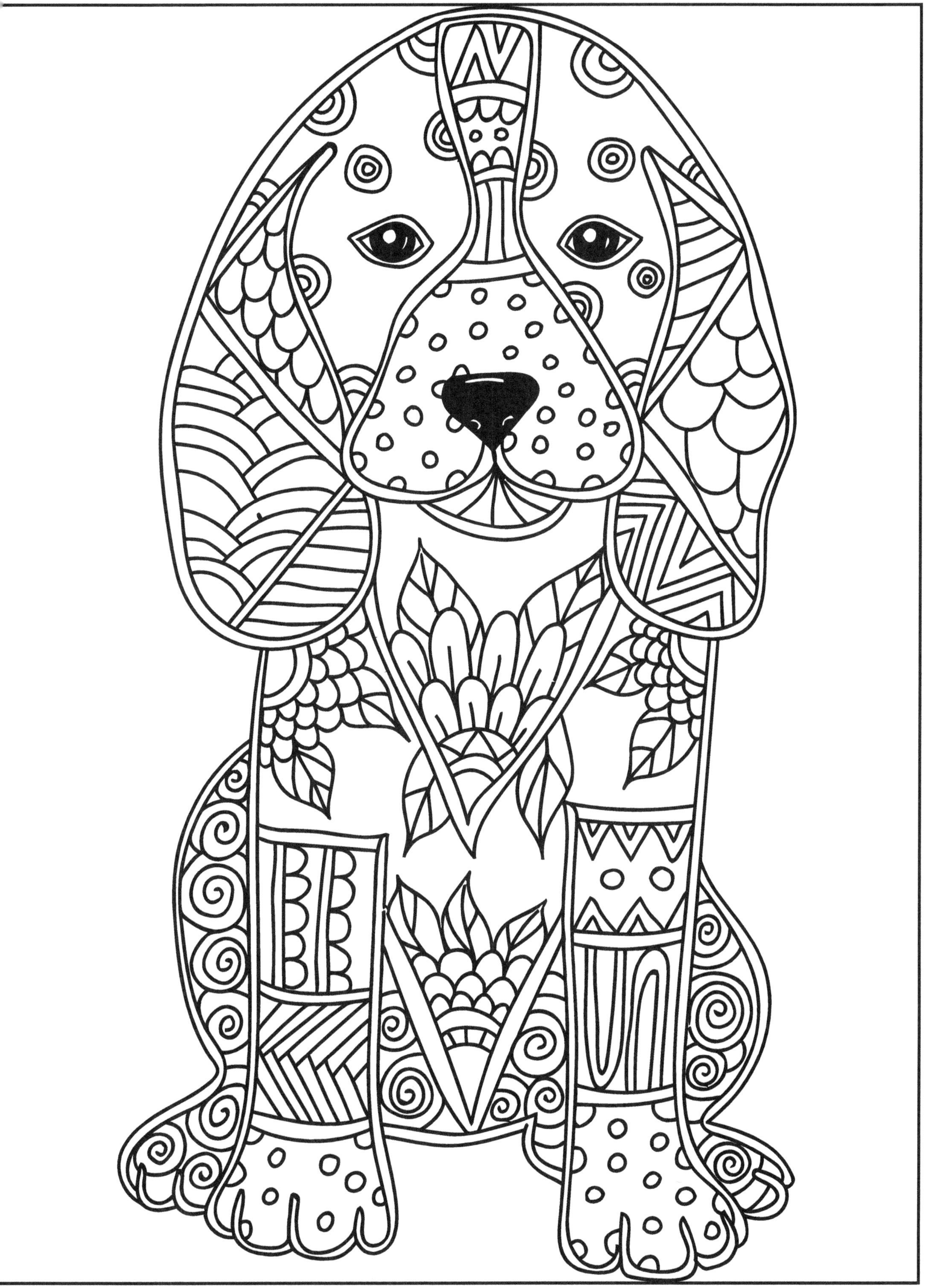

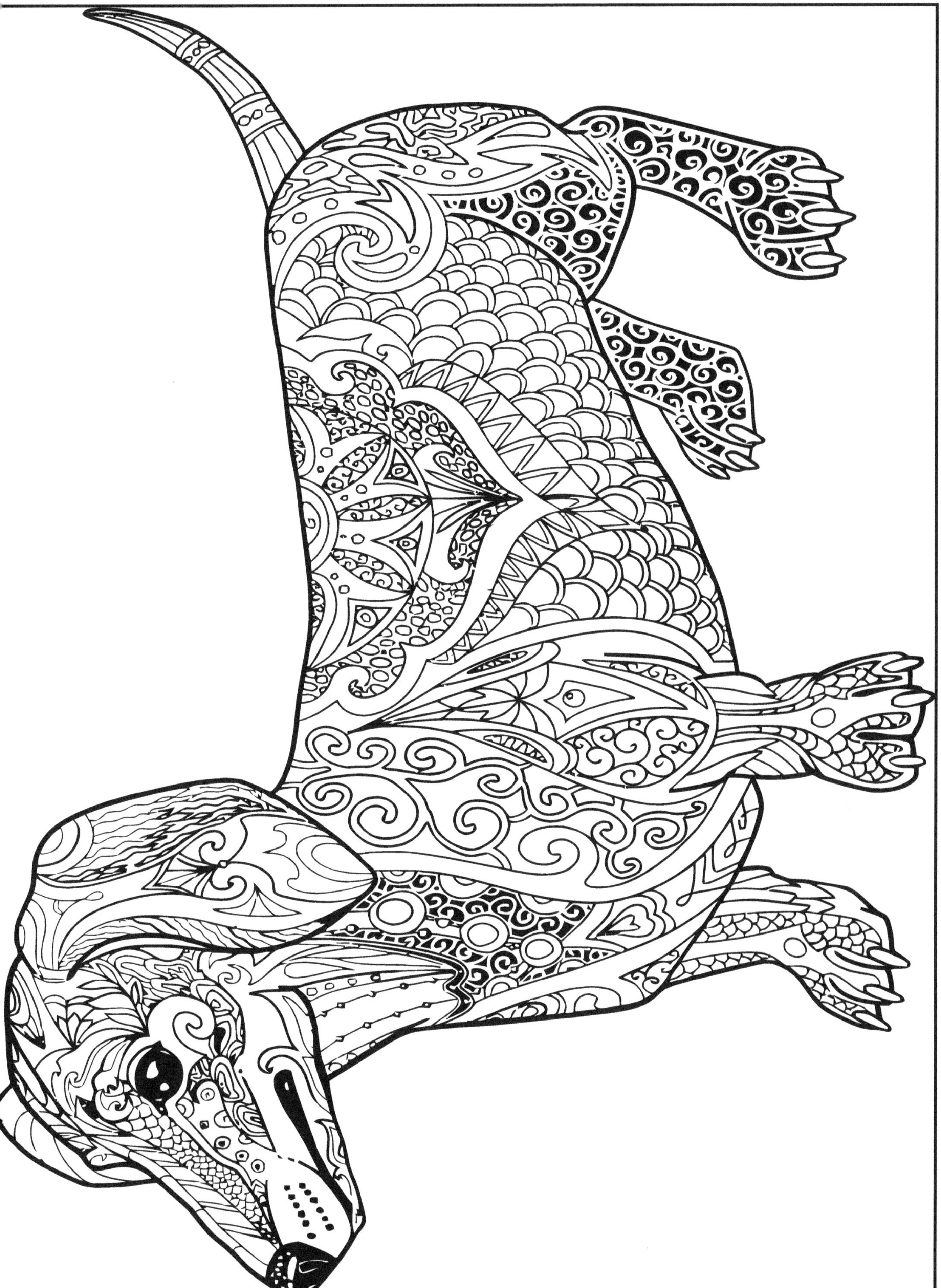

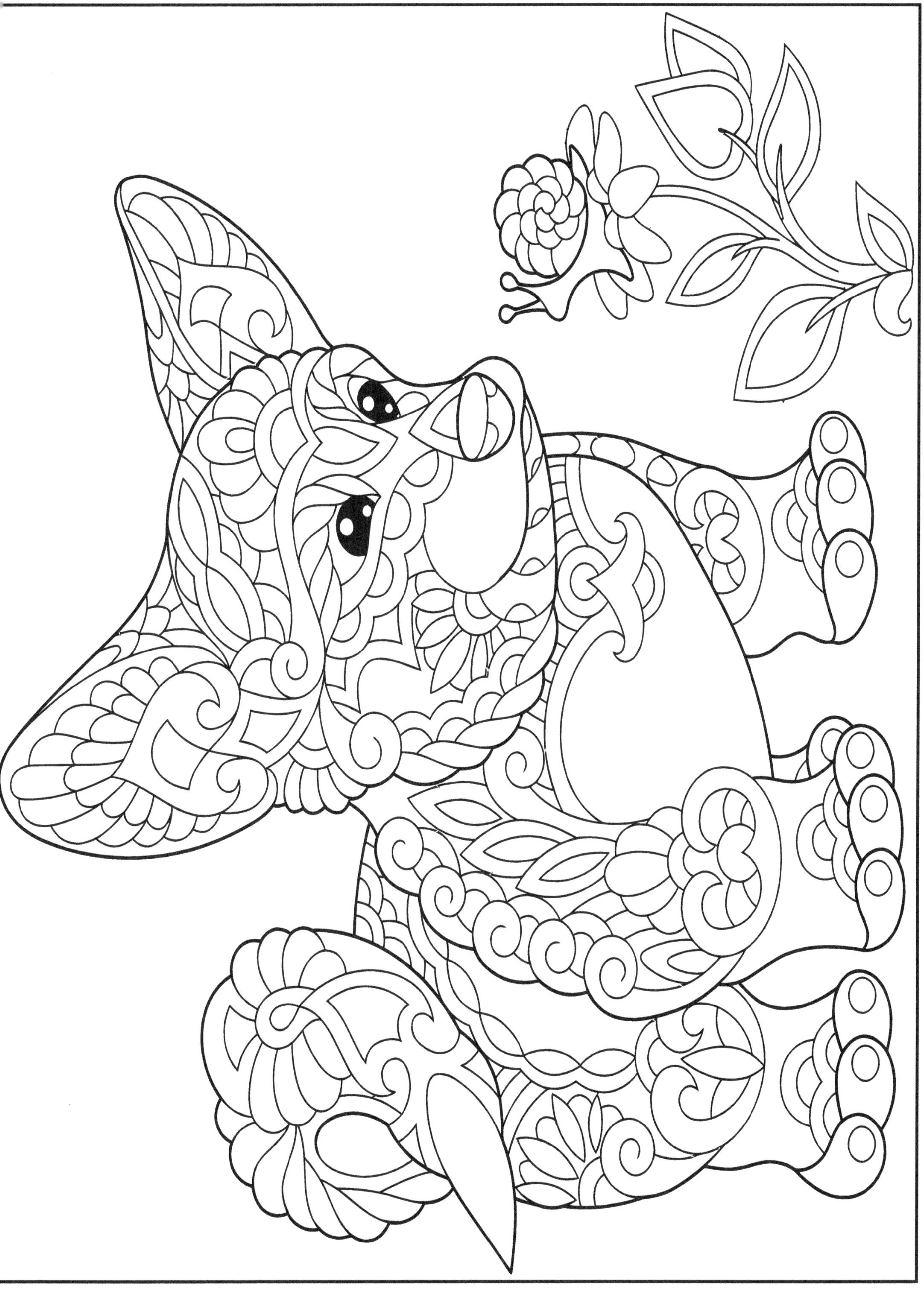

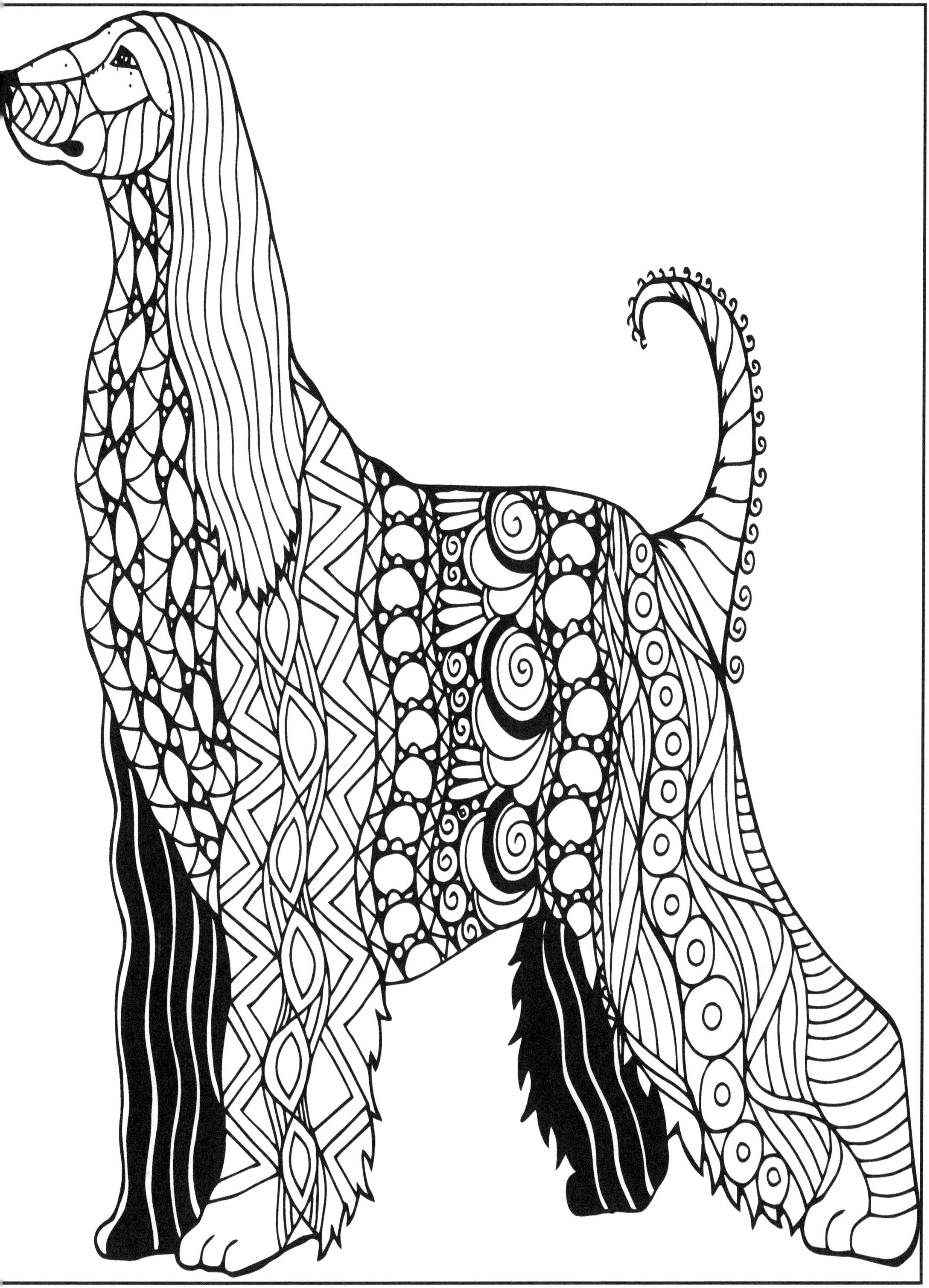

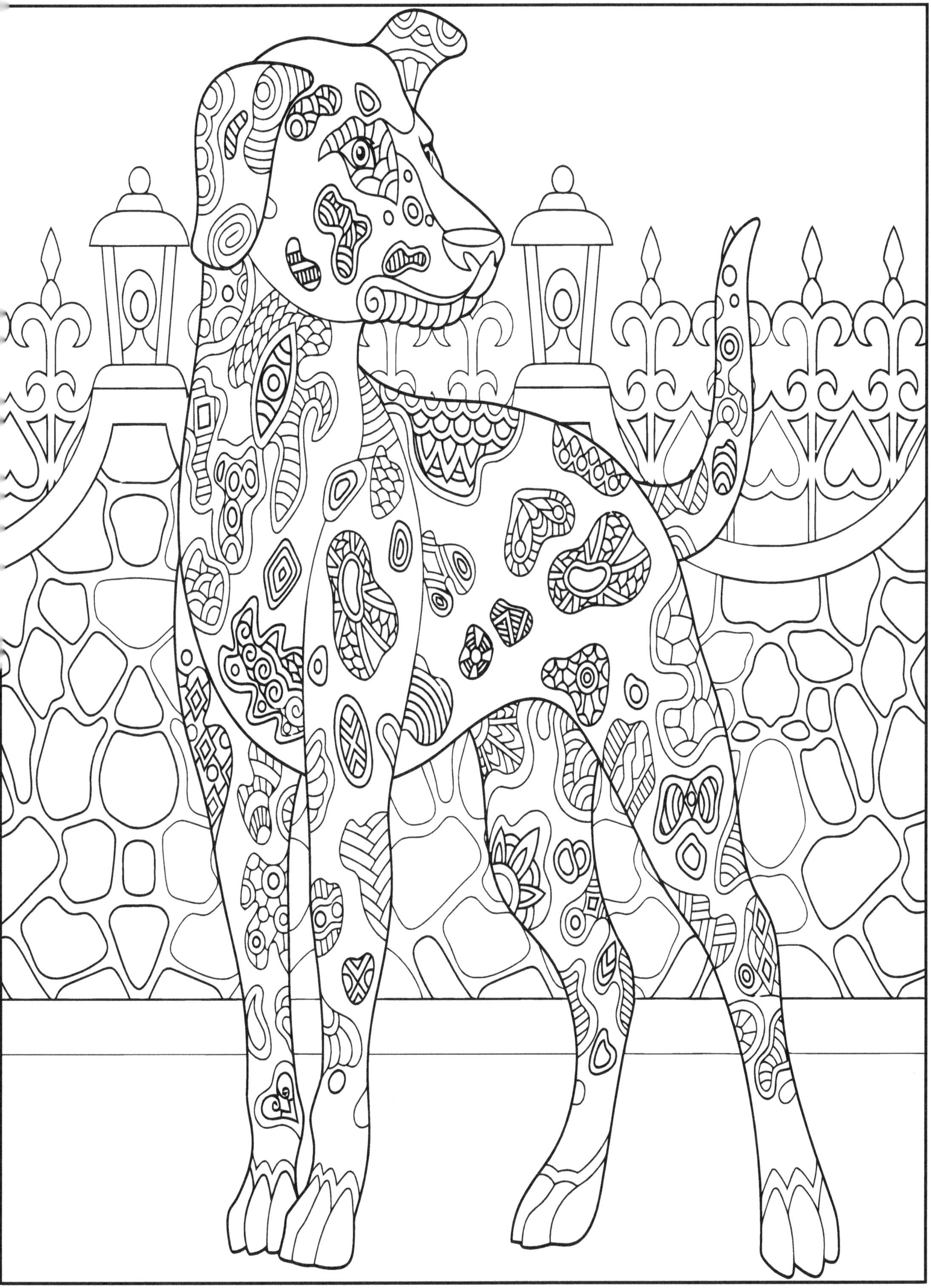

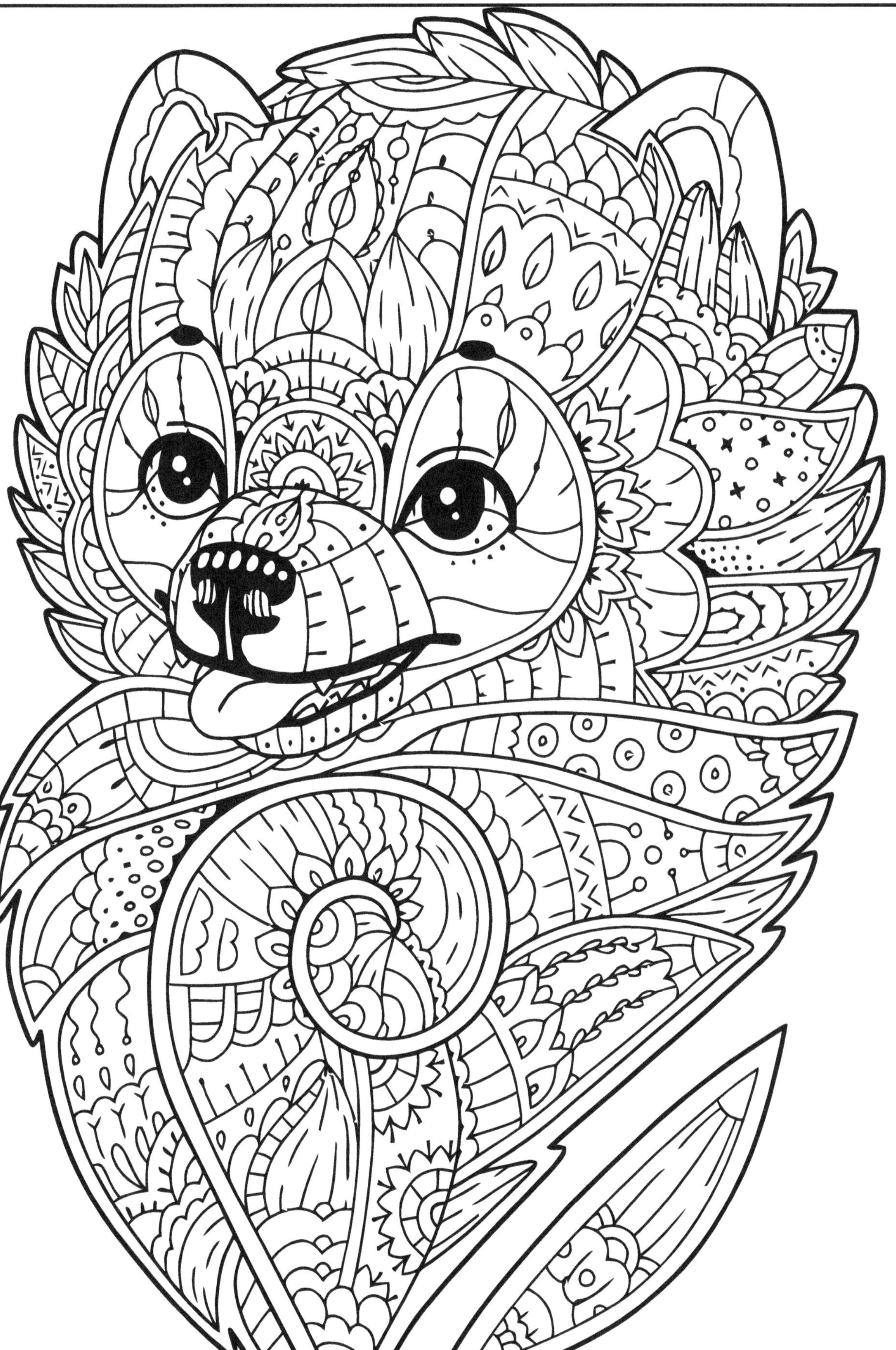

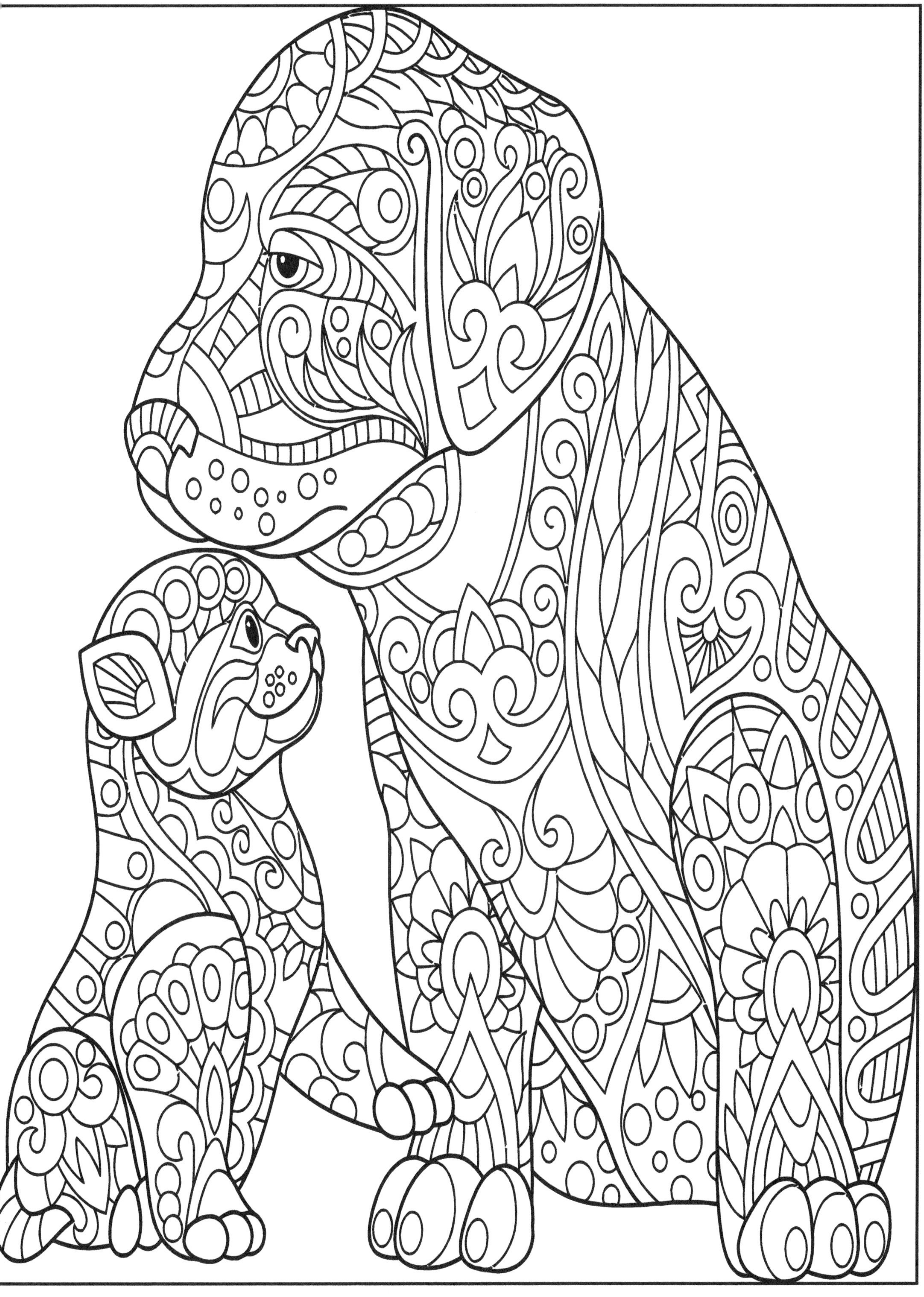

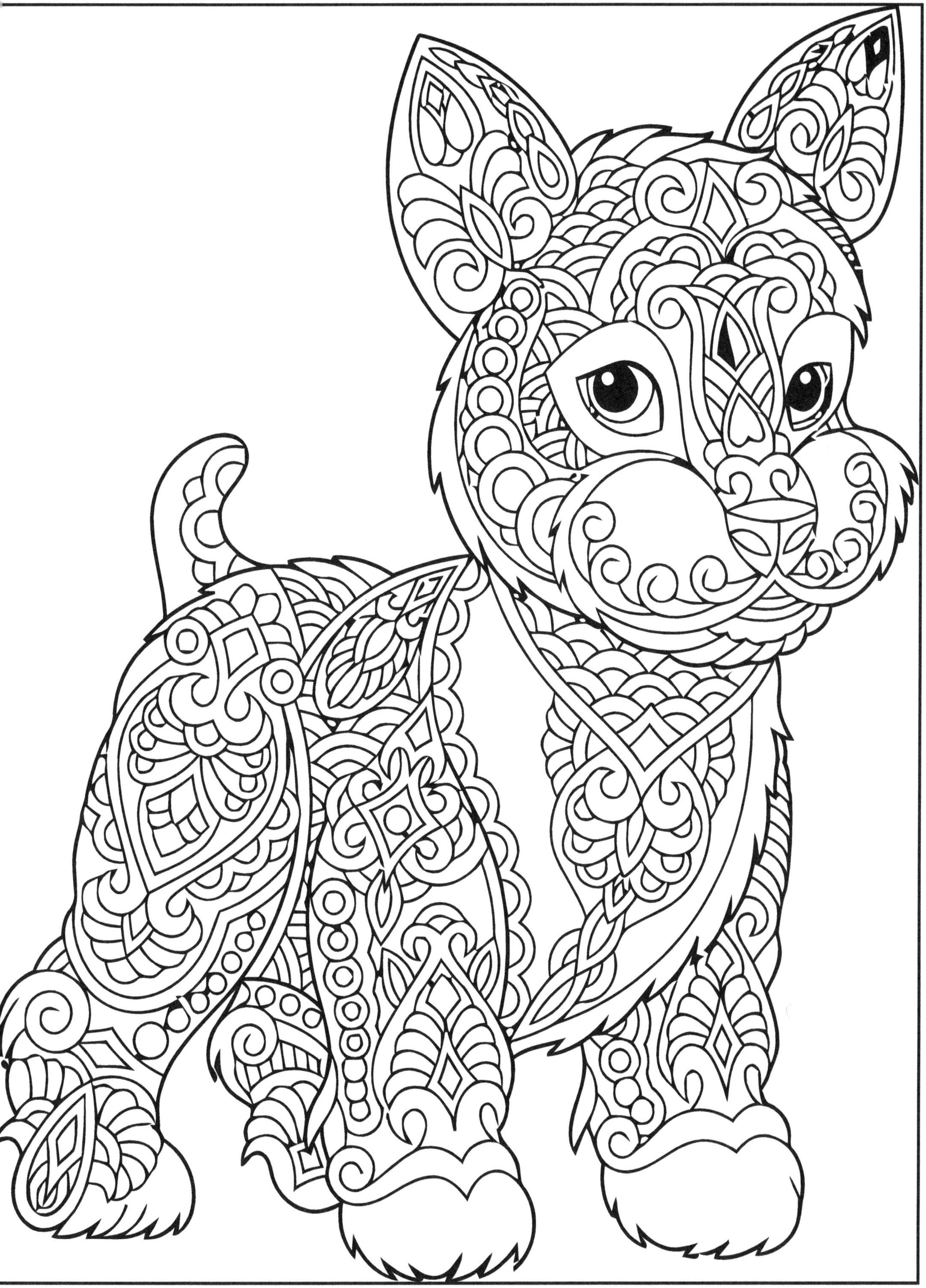

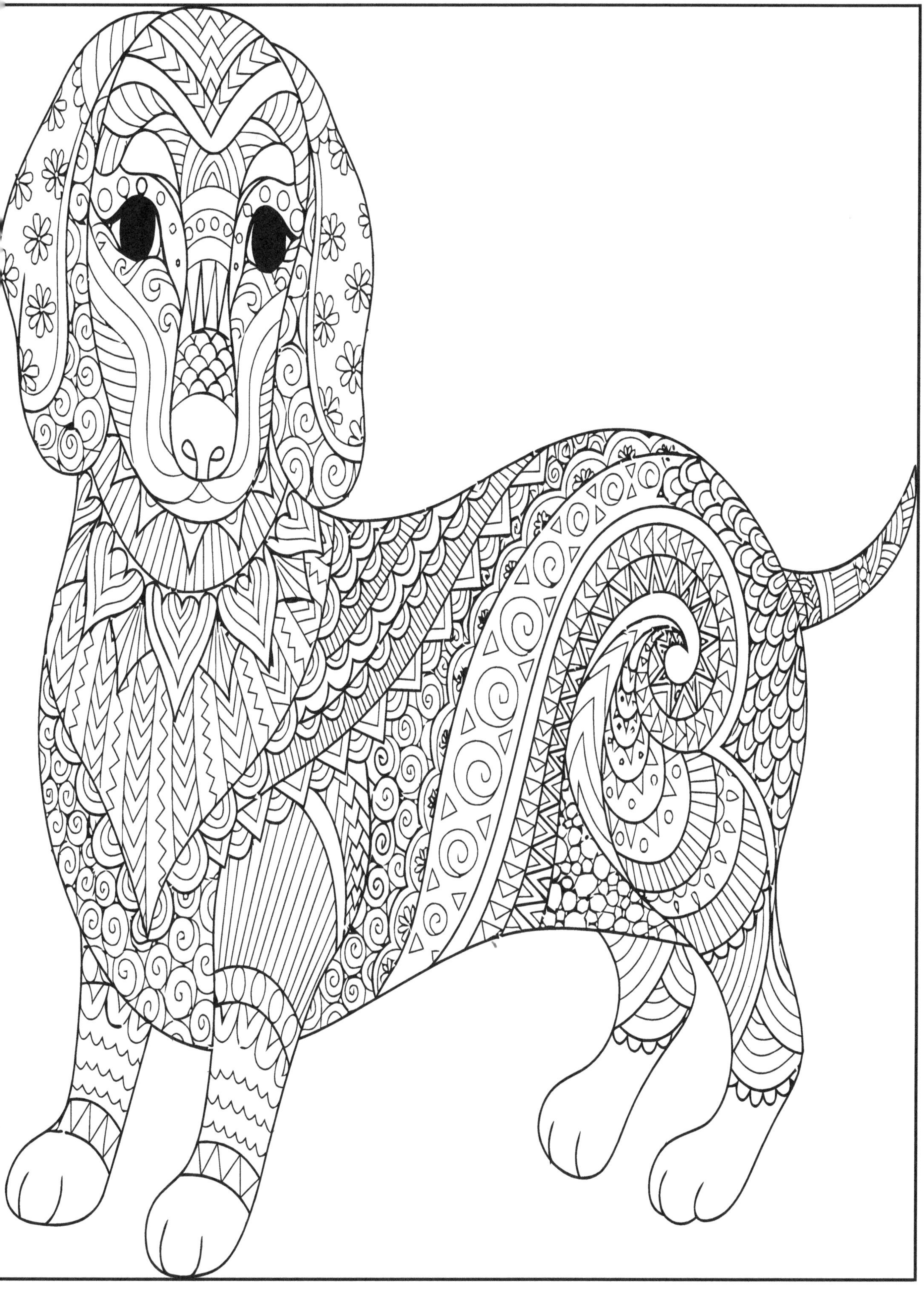

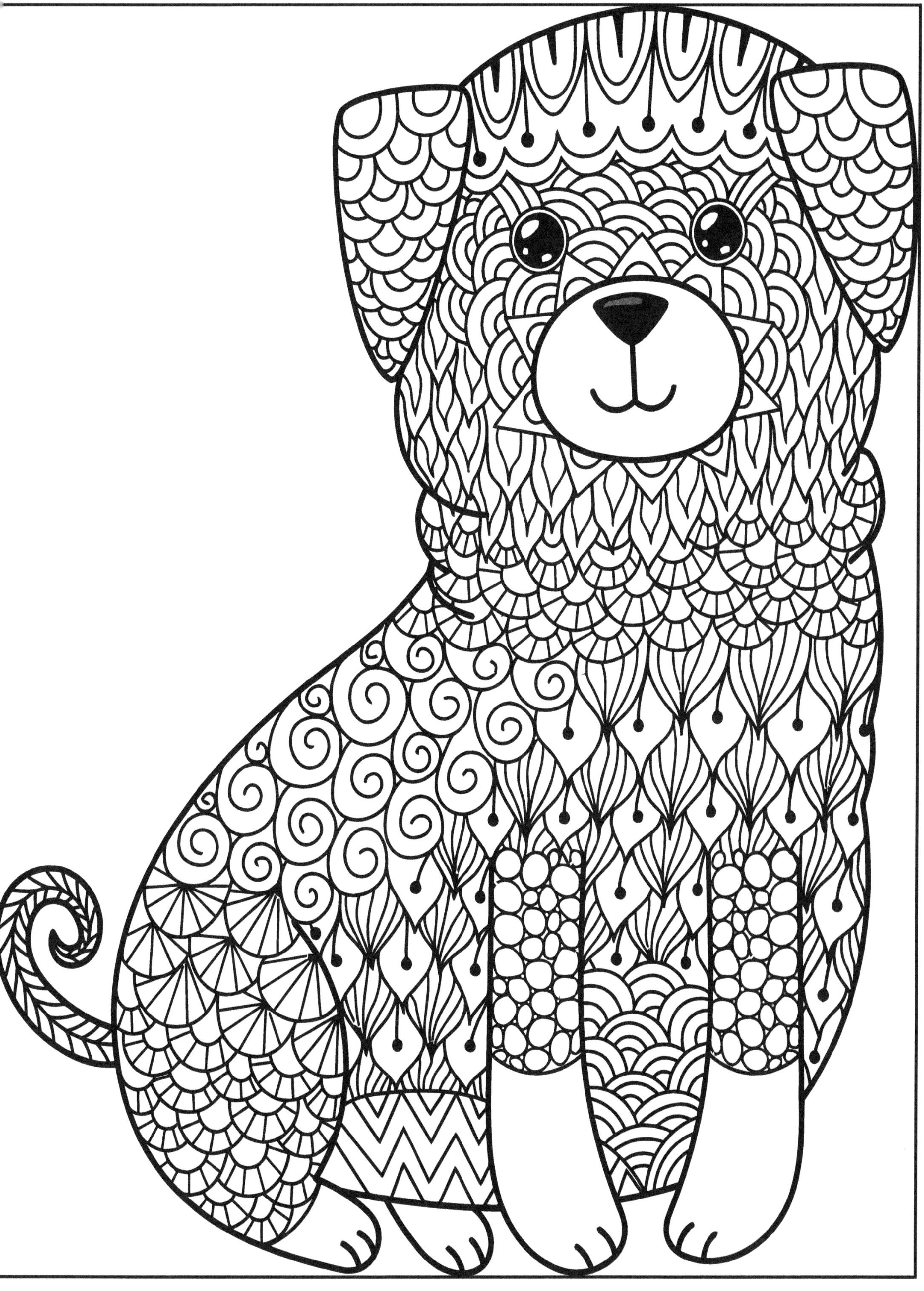

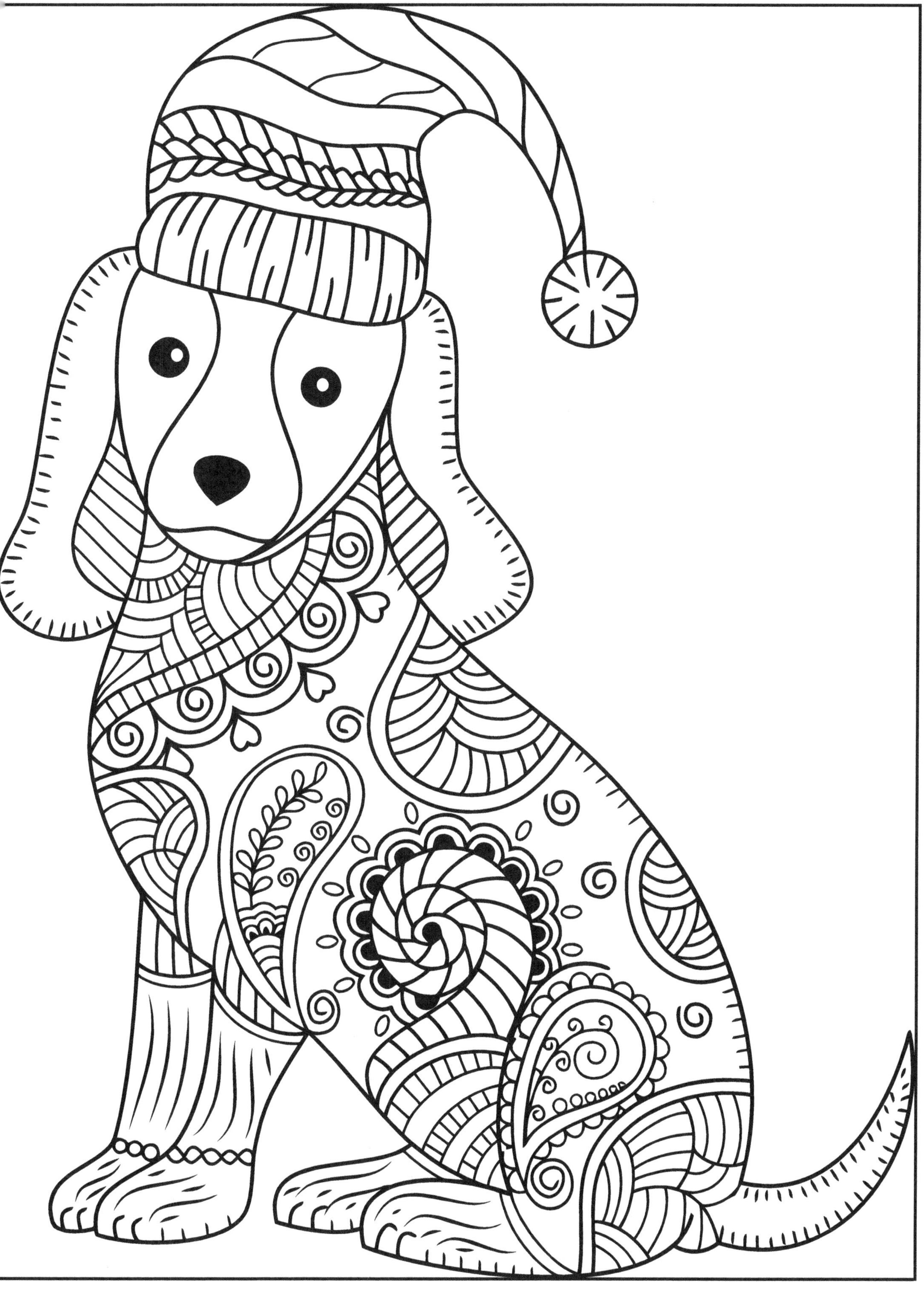

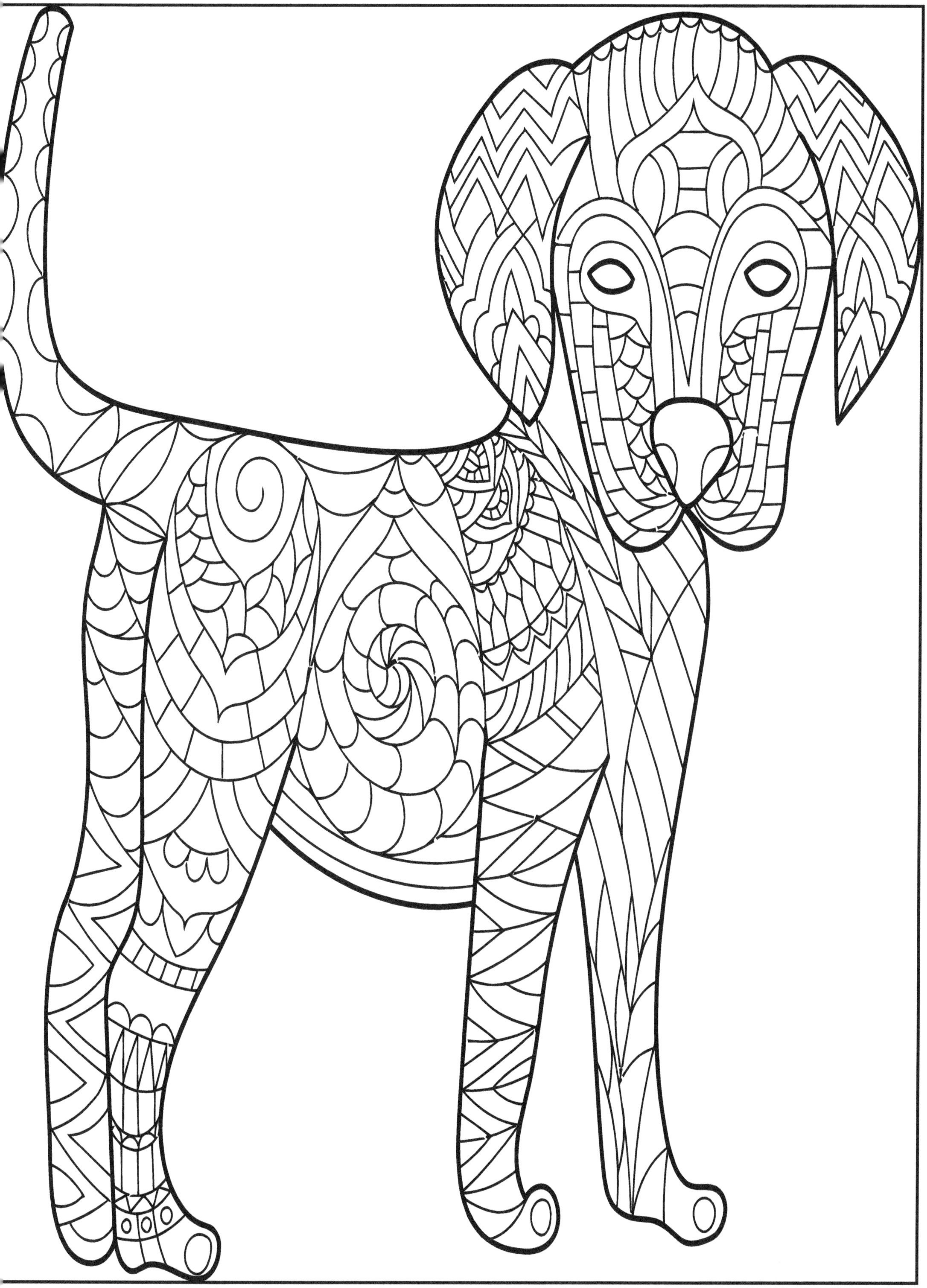

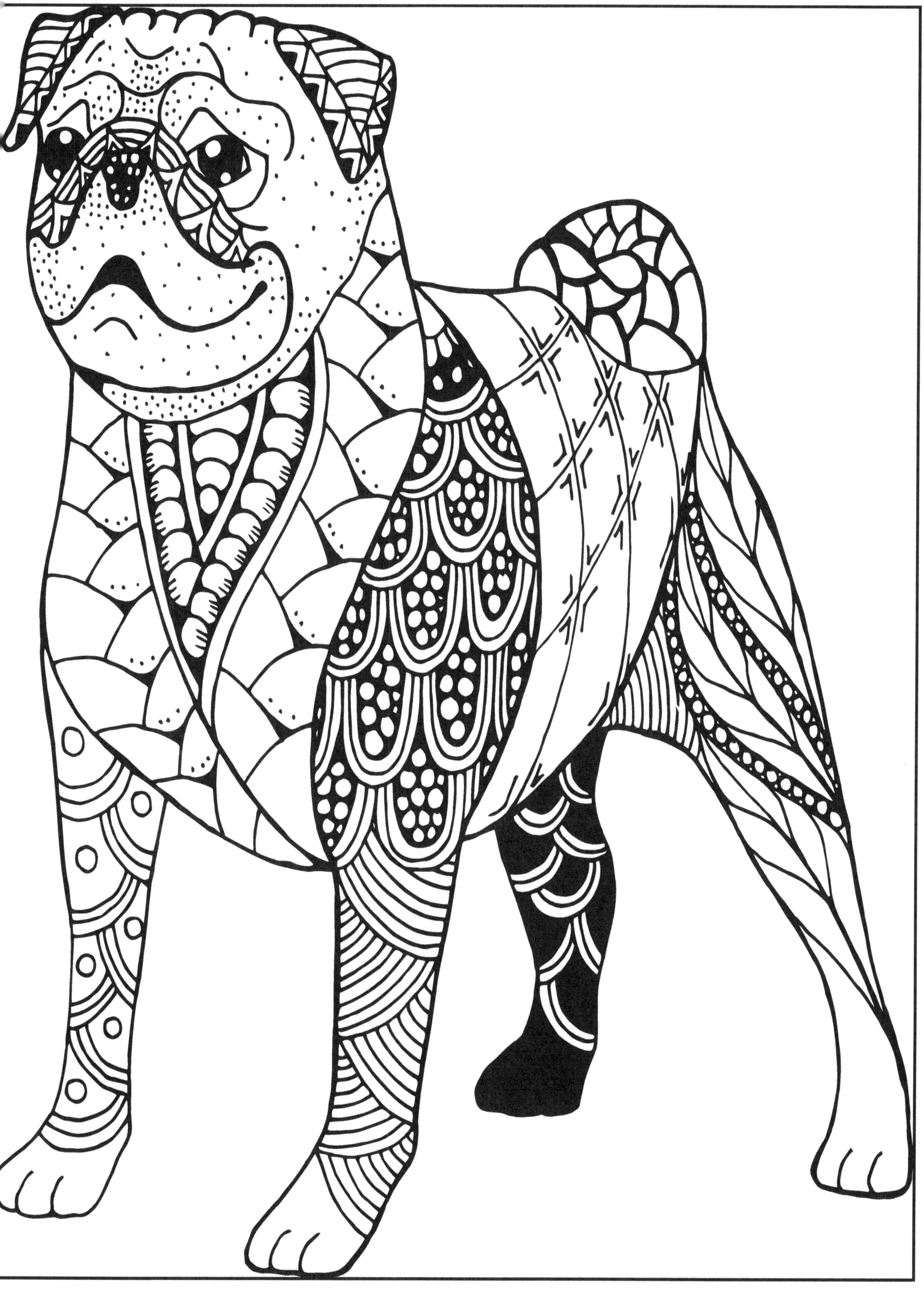

www.ingramcontent.com/pod-product-compliance
Lightning Source LLC
LaVergne TN
LVHW071105281224
800074LV00045B/2409
* 9 7 9 8 5 6 8 7 7 6 9 3 2 *